SOLFÈGE

DE LA JEUNESSE

COURS ÉLÉMENTAIRE

DEUXIÈME PARTIE

N° 332

SOLFÈGE

DE

LA JEUNESSE

PAR

UNE RÉUNION DE PROFESSEURS

COURS ÉLÉMENTAIRE

DEUXIÈME PARTIE

TOURS
MAISON A. MAME ET FILS
LIBRAIRES-ÉDITEURS

PARIS
Vve CH. POUSSIELGUE
LIBRAIRE, RUE CASSETTE, 15

ET CHEZ LES PRINCIPAUX LIBRAIRES

2e Partie.

Tableau des figures de notes et de silences étudiés dans cette 2e partie.

Valeurs de notes.

Ronde.
Blanche.
Noire.
Croche.

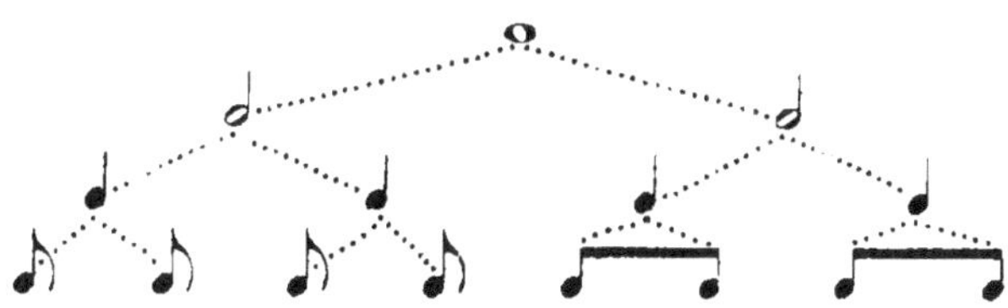

La Ronde vaut 2 blanches ou 4 noires ou 8 croches.

Valeurs de silences.

Pause.
Demi-pause.
Soupir.
Demi-soupir.

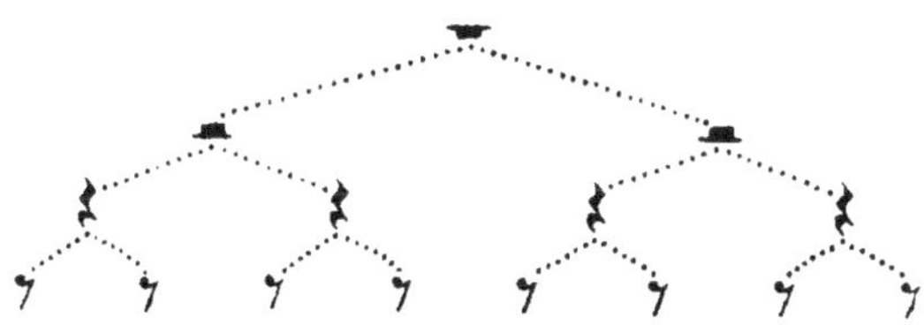

La Pause vaut 2 demi-pauses ou 4 soupirs ou 8 demi-soupirs.

Gammes Mineures.

La mineur.

Chaque Gamme majeure a une gamme mineure qui lui est relative.— La 1ère **note**, ou **note tonique** de cette gamme mineure se trouve une Tierce au-dessous de la tonique de la Gamme majeure.

La Gamme mineure relative de **Do** majeur commence par **La**.

Gamme de La mineur.

1. 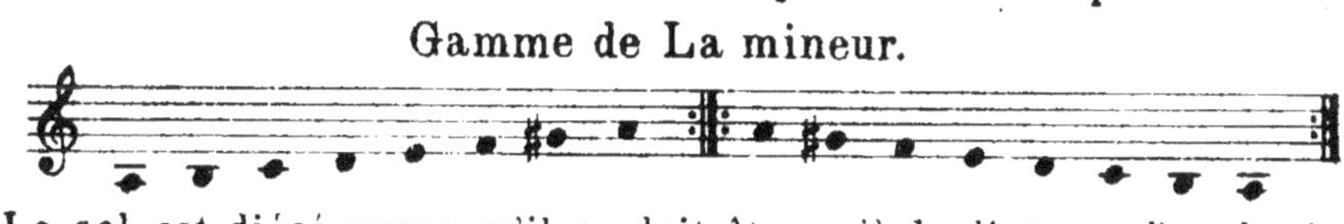

Le sol est diésé parce qu'il ne doit être qu'à la distance d'un demi-ton de la tonique La.

Comme la distance de Fa à Sol♯ est difficile a chanter, on met ordinairement un dièse à Fa en montant, mais souvent en descendant, on supprime les deux dièses.

2. 

Exercices.– La mineur.

3.

Reprendre la gamme des 2 manières précédentes.

4.

5.

6.

7.

Le Sommeil de l'Enfant.

(1) *Andantino.* Paroles d'Et.

8.

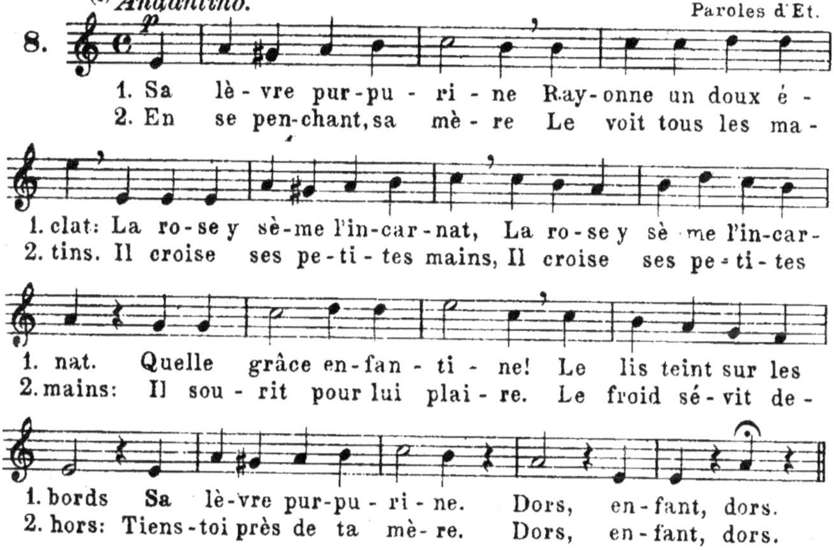

La mineur. — Mesure à 2/4. — Croches.

9.

10.

11.

(1) Andantino, mouvement très-modéré.

12. 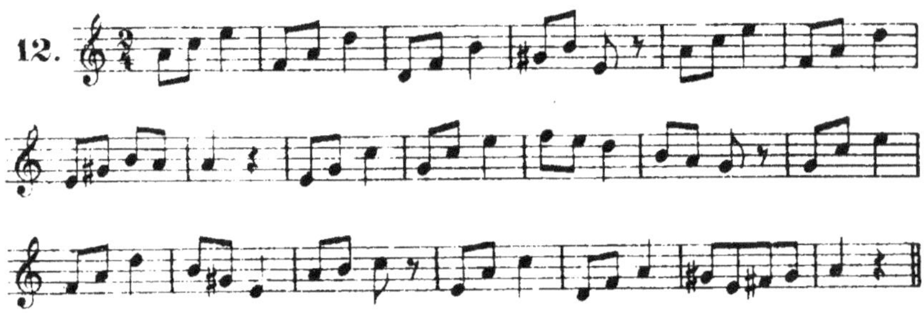

13. 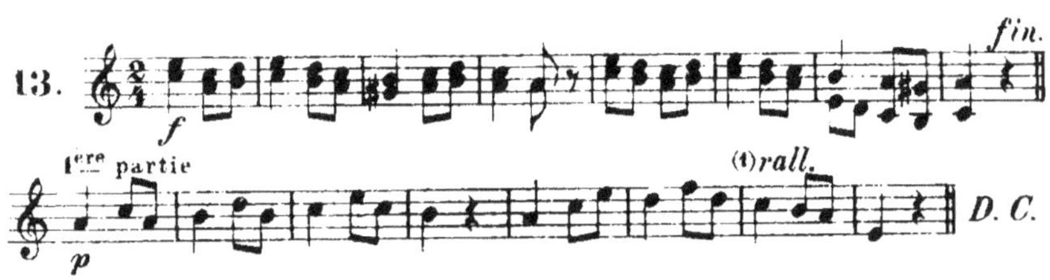

14. 

15. 

(1) Rallentando, rallentir le mouvement.

16.

Le Mauvais Ecolier.

(1) *Andante.* Paroles d'Et.

(1) Andante, presque lentement.

Le point placé à la droite d'une noire l'augmente de la moitié de sa valeur.

La noire pointée vaut alors un temps et demi.

Ex. 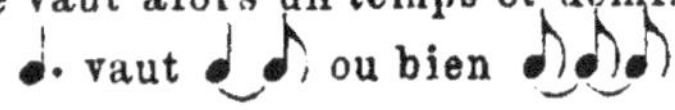

17.

18.
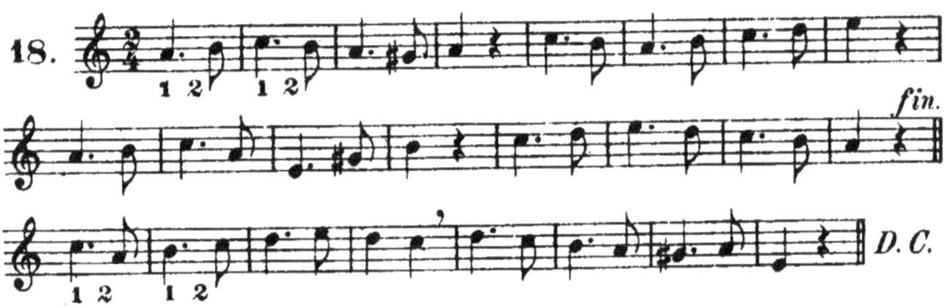

19.

D. M.

20.
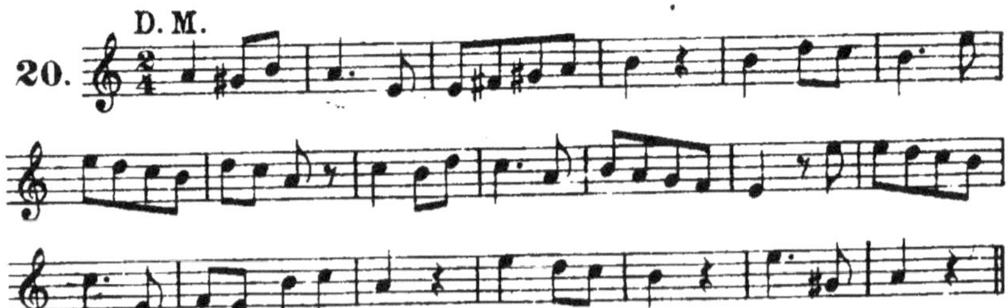

(1) Commencer la note fort et la diminuer.

La mineur.

Thème et Variations.

25.

26. Duo.

Ni avare, ni prodigue.

Moderato. Paroles d'Et.

27

1. Qu'un en - fant soit a - va - - re, Ce fait pa -
2. Vai - ne - ment la mi - sè - - re Tout haut men -
3. Le pro - di - gue gas - pil - - le L'ar - gent de
4. Crains que par l'a - va - ri - - ce Ton cœur ne

1. raît bien ra - - re. Pro - di - gue il est plu - tôt: Ce
2. die, es - pè - - re Un bien lé - ger se - cours: Les
3. sa fa - mil - - le, Dé - pen - se en u - ne fois Ce
4. s'en - dur - cis - - se. Sans pro - di - ga - li - té Ai -

1. qui n'est pas moins sot, Ce qui n'est pas moins sot.
2. a - va - res sont sourds, Les a - va - res sont sourds.
3. qu'il a pour un mois, Ce qu'il a pour un mois.
4. mons la cha - ri - té, Ai - mons la cha - ri - té.

Récapitulation sur les croches, en $^{2}/_{4}$, dans les tons étudiés précédemment.

Do majeur, La mineur, Sol majeur et Fa majeur.

(Do Majeur.)

28.

29.

D. M.

30.

(La mineur.)

31. Duo.

L'Etude. - (Do Majeur.)

Lento.

Paroles d'Et.

32.

1. Que l'es - prit ne s'é - ga - re Quand l'E -
2. Quand l'en - fant é - tu - di - e Son âme
3. Des le - çons d'un bon maî - tre Que l'es -
4. Fai - tes - vous de l'E - tu - de U - ne

1. tu - de pré - pa - re La le - çon qu'on re - lit
2. est a - gran - di - e Des dons du vrai sa - voir:
3. prit se pé - nè - tre; Sans ja - mais vous las - ser
4. douce ha - bi - tu - de: Sa - chez ap - pro - fon - dir,

1. Le de - voir qu'on é - crit, Le de - voir qu'on é - crit.
2. Il suf - fit de vou - loir, Il suf - fit de vou - loir.
3. Ap - pre - nez à pen - ser, Ap - pre - nez à pen - ser.
4. Ai - mez à ré - flé - chir, Ai - mez à ré - flé - chir.

33.
Duo.

(Sol Majeur.)

34.

Tu seras Laboureur.

Le premier Mot.

Andantino. Paroles d'Et.

38. Refrain.

39. D. M.

La première Montre.

Paroles d'Et.

Gamme de Mi mineur, relative de Sol majeur.

1re Manière.

41. 

Ré est diésé pour qu'il ne soit qu'à un demi ton de mi.

2e Manière.

Pour adoucir l'intervalle de Do à Ré♯, on dièse le Do en montant, mais souvent en descendant on remet le Ré et le Do au naturel.

42. 

Exercices.

43. 

44. 

45. 

46. 

L'Enfant aveugle.

Lento. Paroles d'Et.

47.

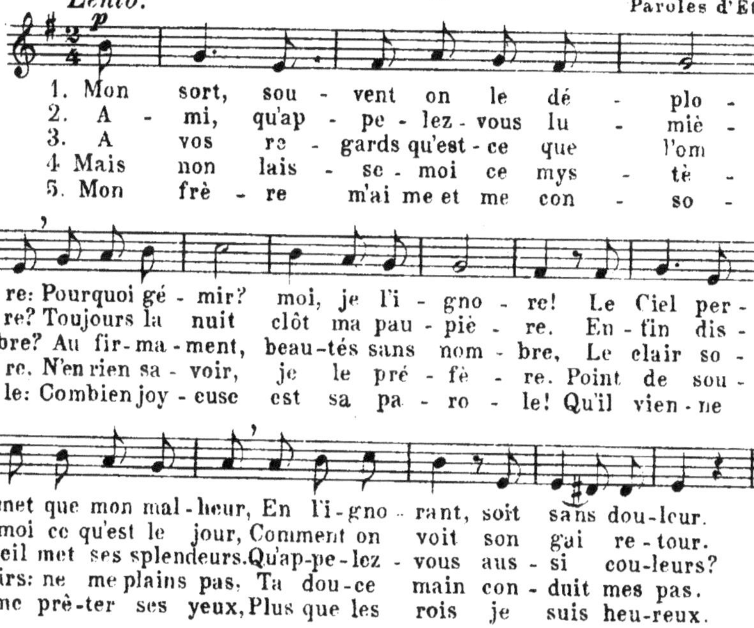

Mesure à 3 temps. (Croches.)

48.

49.

D. M.

50.

Les Meules.

Paroles d'Et.

Andante.

51.
Refrain.

Couplets.

1. De foin, d'é - pis dé - jà la grange est
2. Ma - jes - tu - euse u - ne Mou - le s'é -
3. En or - dre,au bord de la rou - te, les
4. On a dres - sé leurs toits de pail - le

1. plei - ne; Le sol fé - cond de ger - bes re - cou -
2. lè - ve, El - le gran - dit et mon - te vers les
3. Meu - les Gon-flent leurs flancs, é - nor - mes cham pi -
4. blon - de; Sor - tant du sol, les Meu - les sont en

1. vert Fait voir au loin la mois - son dans la
2. cieux. Ce - la s'est fait vi - te comme en un
3. gnons: En quel-ques jours, à tra - vers les é -
4. rangs; On croit les voir com - men - cer u - ne

1. plai - ne: Où ren - fer - mer ces tré-sors pour l'hi - ver.
2. rê - ve! Le rê-ve est là, se dres-sant à nos yeux.
3. teu - les, On les ver - ra sur - gir dans les sil - lons.
4. ron - de, Quand vient le soir, fan - tô - mes dans les champs.

Thême et Variations.

52.

Mi mineur.

La vieille Fileuse.

Moderato. Paroles d'Et.

p

53. 

1. Lente elle our - dit sa tra - me
2. Sa tiè - de et faible ha - lei - ne
3. Sur sa lè - vre tar - di - ve
4. En veil - lant que n'a - t-el - le,
5. Pour la vieil - le Fi - leu - se

1. En tremblant, pau-vre fem - me, Fi - lant sur son rou -
2. N'al - lu - me qu'a-vec pei - ne Les char-bons en-flam -
3. Son doigt prend la sa - li - ve Pour rat - ta - cher le
4. Se ser - rant au-tour d'el - le, Des en-fants cu - ri -
5. De la vie en-nuy - eu - se Ain - si pas - se le

1. et, Elle en fait son jou - et,
2. més Dans son vase en - fer - més,
3. fil Qui s'est bri - sé sub - til,
4. eux, L'in - ter - ro - geant des yeux,
5. soir, Sans dou - leur, sans es - poir,

1. Elle en fait son jou - et.
2. Dans son vase en - fer - més.
3. Qui s'est bri - sé sub - til.
4. L'in - ter - ro - geant des yeux.
5. Sans dou - leur, sans es - poir.

54. Duo. 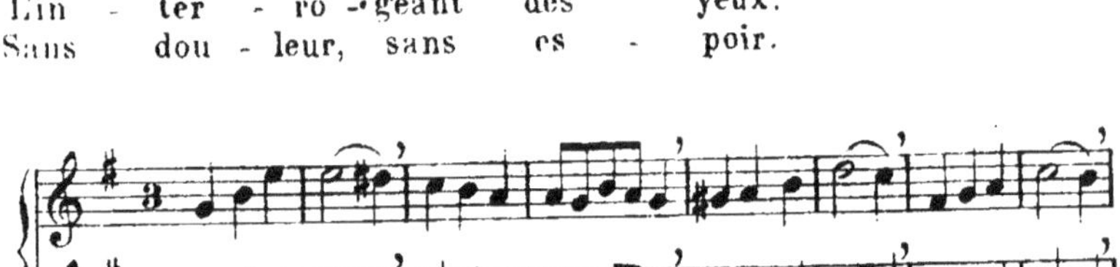

55. Duo.

Récapitulation sur les croches, en 3 temps, dans les tons étudiés précédemment.-(Do Majeur.)

56.

D. M.

57.

Le Jour.

Paroles d'Et.

59

60.

La Cigale.

Moderato. Paroles d'Et.

61. Duo.

62.

(La mineur.)

63.

64.

D. M.

65.

Si j'avais des ailes.

Andantino. Paroles d'Et.

66.

Moderato. Air populaire.-(Sol Majeur.)

67.

(1) Rallentando, Rallentir.

Allegretto.

D. M.

68. 

L'Enfance.

Andantino.

Paroles d'Et.

69. 

Allegretto. **Mozart.**

70. Duo.

L'Enfant Taquin.

Andantino. **Paroles d'Et.**

71.

Mon Jardin.

72. Paroles d'Et.

(Fa Majeur.)

73.

Air populaire écossais.

74.

Air populaire.

D. M.

75.

La Prière de l'Ecolier.

(1) *Grave.* Paroles d'Et.

76.

1. Dieu que mon pè-re a - do - re Et que ma mère im-
2. Ta bon - té nous me - su - re Les dons de la na-
3. Ton cœur ai - me l'en - fan - ce: Don - ne lui l'in - no-
4. Que ta droi - te nous mè - ne: E - par-gne-nous la

1. plo - re, J'in - voque à deux ge - noux Ton nom ter-
2. tu - re: Le pain de cha - que jour Nous vient de
3. cen - ce, Le mo - des - te sa - voir, L'a - mour du
4. pei - ne, Rends sa - ges les en - fants, Fais heu - reux

1. rible et doux, Ton nom ter - rible et doux.
2. ton a - mour, Nous vient de ton a - mour.
3. saint de - voir. L'a - mour du saint de - voir.
4. leurs pa - rents, Fais heu - reux leurs pa - rents.

(1) Mouvement très-lent, sévère.

Gamme de Ré mineur, relative de Fa majeur.

1re Manière.

77. 

Do est diésé parce qu'il est la sensible.

2e Manière.

Pour adoucir l'intervalle de Si♭ à Do♯, on fait si naturel en montant, mais souvent en descendant on fait Do naturel et Si bémol.

78. 

Exercices.

79. 

80. 

81. 

82. 

83. 

Le Mendiant.

Lento. Paroles d'Et.

84. 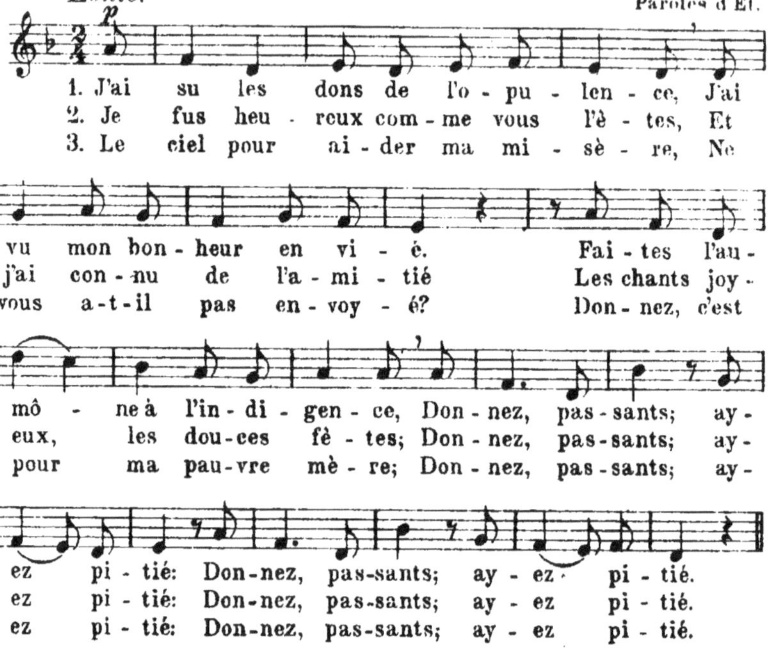

85. 

86. 

87.

D. M.

L'Image de la Jeunesse.

Grave. Paroles d'Et.

88. Refrain.

Couplets.

89.
Duo.

Mesure à 4 temps. (Croches.)

90.

91.

92.

En Ré mineur.

93.

94.

Reprendre au même signe.

95.

Le Lion devenu vieux.

Andantino. La Fontaine.

96. 

Thême et Variations.

97. 

98. 

La Vieillesse.

Grave. Paroles d'Et.

99.

100. Duo.

Le Myosotis.

Paroles d'Et.

101.

102.
Duo.

Récapitulation sur les croches, en 4 temps, dans les tons étudiés précédemment.

(Do Majeur.)

103.

Lento.

104.

Lento.

105.

(1) Dédoubler chaque partie pour l'exécution de ces deux dernières mesures.

Lento.

106. Duo.

La Providence.

Moderato. Lefranc de Pompignan.

107.

1. Le sou - ve - rain de la na - tu - re
2. Il verse é - ga - le - ment la sè - ve
3. Que le jour com - mence à pa - rai - tre

1. A pré - ve - nu tous nos be - soins;
2. Et dans les hum - bles ar - bris - seaux
3. Ou qu'il s'é - tei - gne dans les mers,

108.

Air populaire.

D. M.

109.

110.

Les Querelleurs.

111. Duo.

La Poule et les Poussins. (Ronde.)[1]

Andantino. (Do et Sol Majeurs.) Paroles d'Et.

112. Refrain.

(1) L'Enfant qui représente la Poule se tient au milieu de la Ronde. C'est lui qui chante les couplets. Les autres se tiennent tous par la main et chantent tous le Refrain.

Pendant qu'on chante le Refrain, la Ronde est animée: on ne va qu'au pas, pendant le couplet.

En commençant le couplet, chaque fois, d'un signe la Poule appelle un des Poussins, qui vient à son côté, jusqu'au moment où le Refrain va recommencer. Alors ce Poussin retourne à sa place.

Après le dernier Refrain, tous les Poussins s'en vont à la débandade, en chantant Cod, codaque sur tous les tons.

pous - se, Grat - tant beau - coup, Glou, glou, glou,
glou. Voi - là qu'elle ap - pel - le Ses pe -
tits Si jo - lis, Quand on l'at - ta - que El - le
(plus vif)
fait: Cod, co - da - que, cod, co - da - que
Couplets.
p
1. Voi - ci du grain, gen - til Pous -
2. Voi - ci du grain, gen - til Pous -
3. Voi - ci du grain, gen - til Pous -
4. Voi - ci du grain, gen - til Pous
5. Voi - ci du grain, gen - til Pous -
1. sin: Ca - che - toi bien des - sous mon
2. sin: Ah! qu'il fait bon près de ta
3. sin: Là - bas le bruit se fait en -
4. sin: Du Ciel nous vient la nour - ri -
5. sin: Le so - leil luit, qu'on se pro -
1. ai - le: Ce blanc du - vet sem - ble si
2. mè - re, Au cœur ai - mant, comme elle est
3. ten - dre. Là, je se - rai pour te dé -
4. tu - re, Du ciel nous vient cette on - de
5. mè - ne Aux prés, aux champs et dans la
1. frê - le! Gen - til, gen - til Pous - sin.
2. chè - re! Gen - til, gen - til Pous - sin.
3. fen - dre. Gen - til, gen - til Pous - sin.
4. pu - re: Gen - til, gen - til Pous - sin.
5. plai - ne: Gen - til, gen - til Pous - sin.

Andante.
113.
Duo.
mf
rall.

D. M. — Mendelssohn. (1847)

114.

Travail et Récréation.

Animato. — Morel de Vinde.

115.

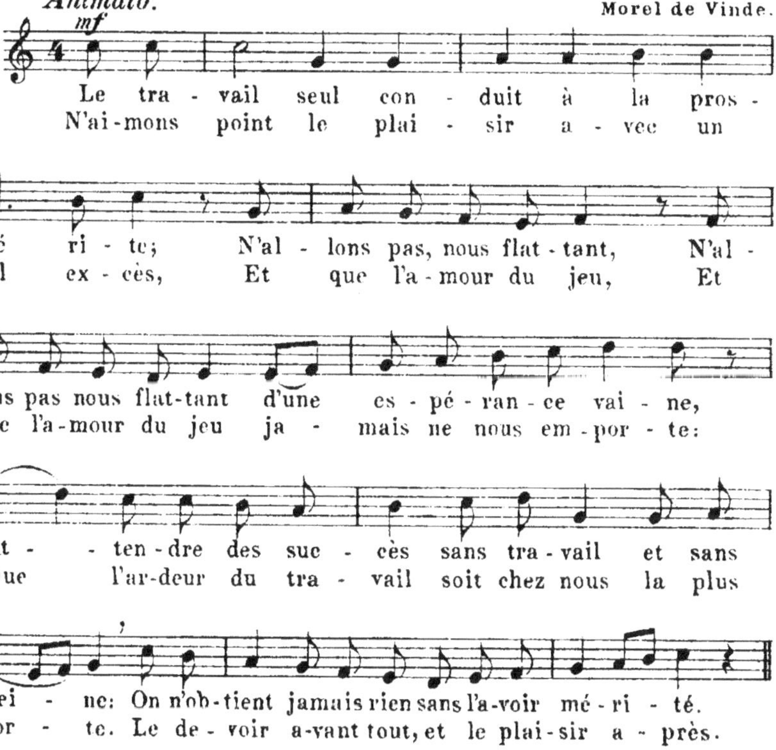

La Grammaire. (Ronde.)(1)

Paroles d'Et.

Moderato.

116.
Refrain.

{O bon Grand'-Pè-re, / Bon-ne Grand' Mè-re,} A tes en-fants

Par la Gram-mai-re Ap-prends La ma-niè-re

De bien par-ler Sans se trom-per.

Couplets.

Le Nom.	1. Pour	dé -	si -	gner	les		gens,	les
L'Article.	2. L'Ar -	ti -	cle	sert	à		bien	con -
L'Adjectif.	3. Que	l'Ad -	jec -	tif	au		nom	s'a -
Le Pronom.	4. Le	Pro -	nom	vient	te -		nir	la
Le Verbe.	5. Le	Ver -	be	montre	aux		yeux	la
Le Participe.	6. Le	Par -	ti -	cipe	a		la	na -
L'Adverbe.	7. L'Ad -	ver -	be	va	chan -		ger	le
La Préposition.	8. La	Pré -	po -	si -	ti -		on	nous
La Conjonction.	9. Con -	jonc -	ti -	on	qui		ne	va -
L'Interjection.	10. L'In -	ter -	jec -	ti -	on		vive	en -

1. cho - ses: Voi - ci le nom propre ou com - mun.
2. naî - tre Le mas - cu - lin, le fé - mi - nin;
3. jou - te Pour nous mar - quer la qua - li - té:
4. pla - ce Du sub - stan - tif dans le dis - cours.
5. cho - se Ou que l'on est, ou que l'on fait:
6. tu - re Du Verbe ac - tif, de l'Ad - jec - tif;
7. Ver - be, A - joute au sens, dit le de - gré,
8. tra - ce Les rap - ports qu'entre eux ont les mots
9. ri - e Dans u - ne phrase u - nit entre eux
10. voi - e Dans un é - lan les sen - ti - ments

(1) Le grand Père, ou la grand-mère, en vieux bonnet se tient au milieu de la Ronde. Tous chantent le Refrain: il ou elle chante chaque couplet. On va en cadence pendant les Couplets; on danse en sautant pendant le Refrain.

1. Hom - mes, bê - tes, ci - tés ou ro - ses,
2. De - vant le nom il se doit met - tre.
3. De tout su - jet, quand on l'é - cou - te,
4. Et du nom même il nous re - tra - ce
5. Il dit l'é - tat, le but, la cau - se,
6. A - vec le nom, sans nul mur - mu - re,
7. Par - le sur - tout d'un ton su - per - be,
8. Et que trou - ve l'es - prit sa - ga - ce
9. Mem - bres ou mots qu'el - le re - li - e,
10. Du cœur é - mu, tris - tesse ou joi - e:

1. Tous ont un nom et n'en ont qu'un,
2. Et dit le genre ou mas - cu - lin,
3. Il peint le mal ou la bon - té,
4. Le genre et le nom - bre tou - jours
5. Et, par le Verbe à tous pa - raît
6. Il prend l'ac - cord ja - mais fau - tif
7. Fier quand du Verbe il a mon - tré
8. Qui, sans ja - mais être en dé - fauts,
9. Fai - sant un as - sem - blage heu - reux
10. Qu'ils sont di - vers ces mou - ve - ments,

1. Propre ou com - mun, Propre ou com - mun.
2. Ou fé - mi - nin, Ou fé - mi - nin.
3. La qua - li - té, La qua - li - té.
4. Dans le dis - cours, Dans le dis - cours.
5. L'ac - te qu'on fait, L'ac - te qu'on fait.
6. Comme ad - jec - tif, Comme ad - jec - tif.
7. Cha - que de - gré, Cha - que de - gré.
8. Ju - ge les mots, Ju - ge les mots.
9. Des mots entre eux, Des mots entre eux.
10. Ces sen - ti - ments, Ces sen - ti - ments!

(La mineur.)

D. M.

117. 

118.

En Pénitence.

Paroles d'Et.

Lento.

119.

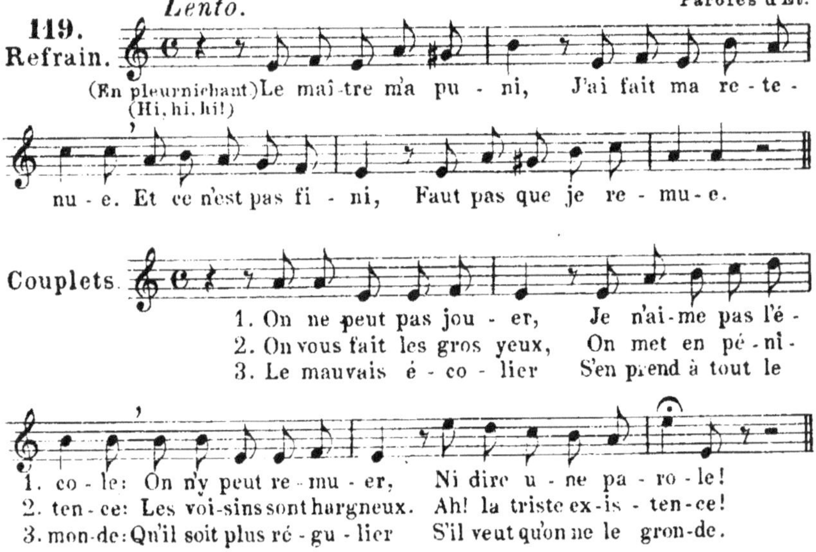

(Sol Majeur.)

120.

121 D. M.

122. *Allegro.* Beethoven.

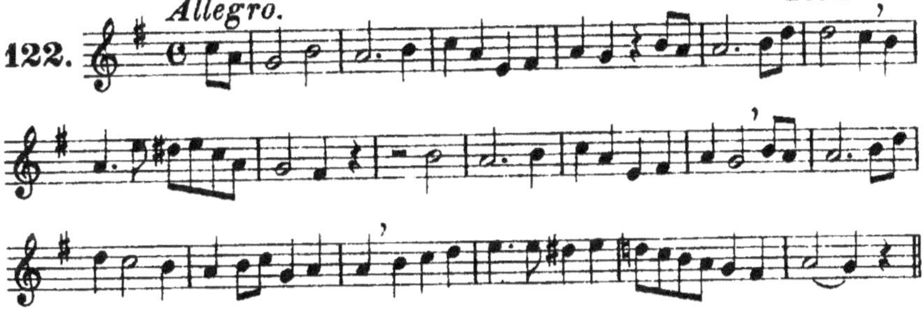

123. Duo. Grétry.

La Classe.

Paroles d'Et.

123.
Duo.
rall.

Les Fils de France.

Paroles d'Et.

La Brebis et les Agneaux. (Ronde.)

Animato. Paroles d'Et.

Les Agneaux s'enfuient, en criant sur tous les tons: Bé, hé, hé!

Mi mineur.

128.

129.

130.
Duo.

L'Enfant boudeur.

Paroles d'Et.

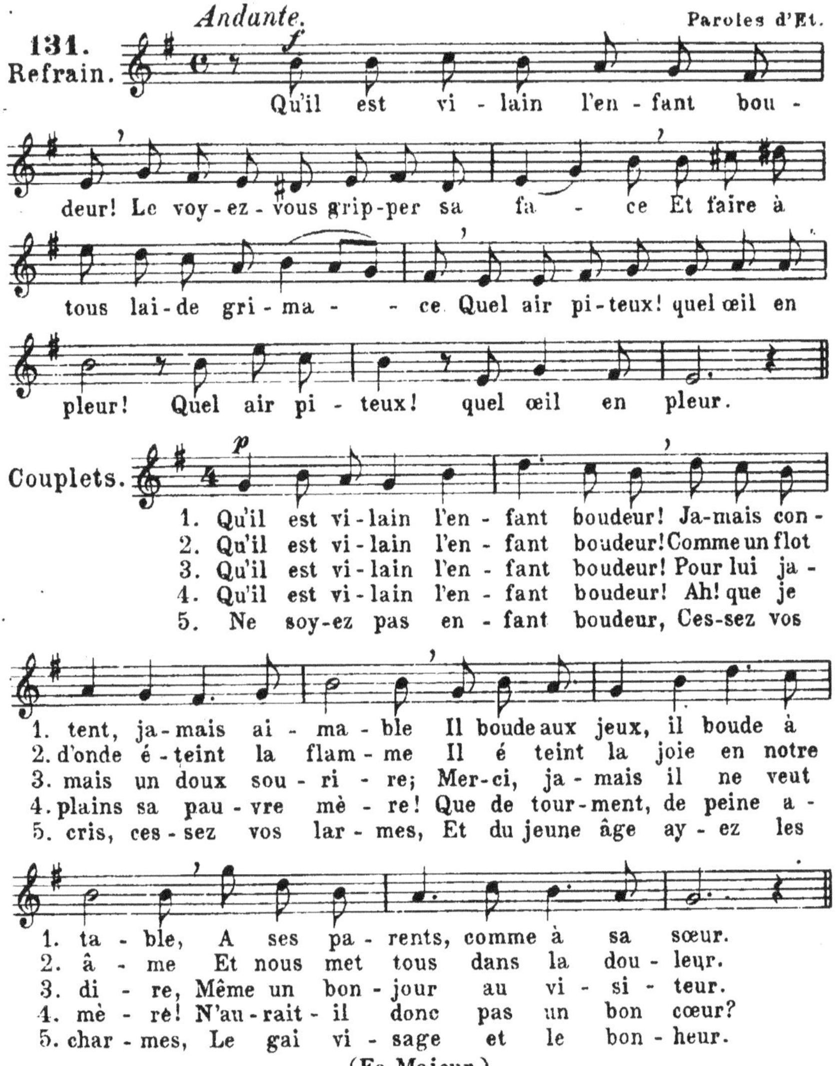

(Fa Majeur.)

132.

133.

D.M.

134.

La Récompense.

Animato. Paroles d'Et.

135. Refrain.

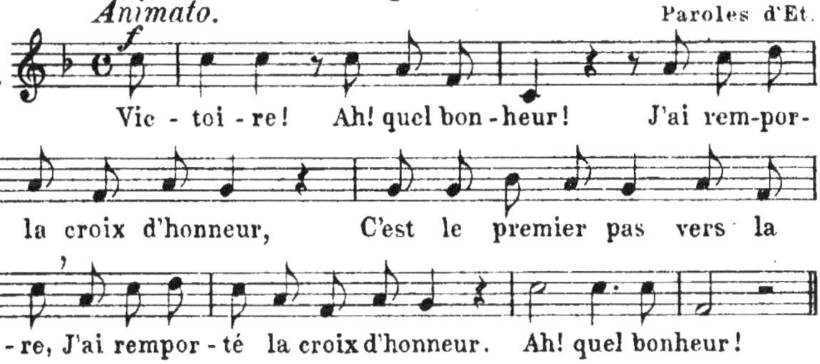

Couplets.

136. Duo.

Tu seras Soldat.- (Fa Majeur.)

Paroles d'Et.

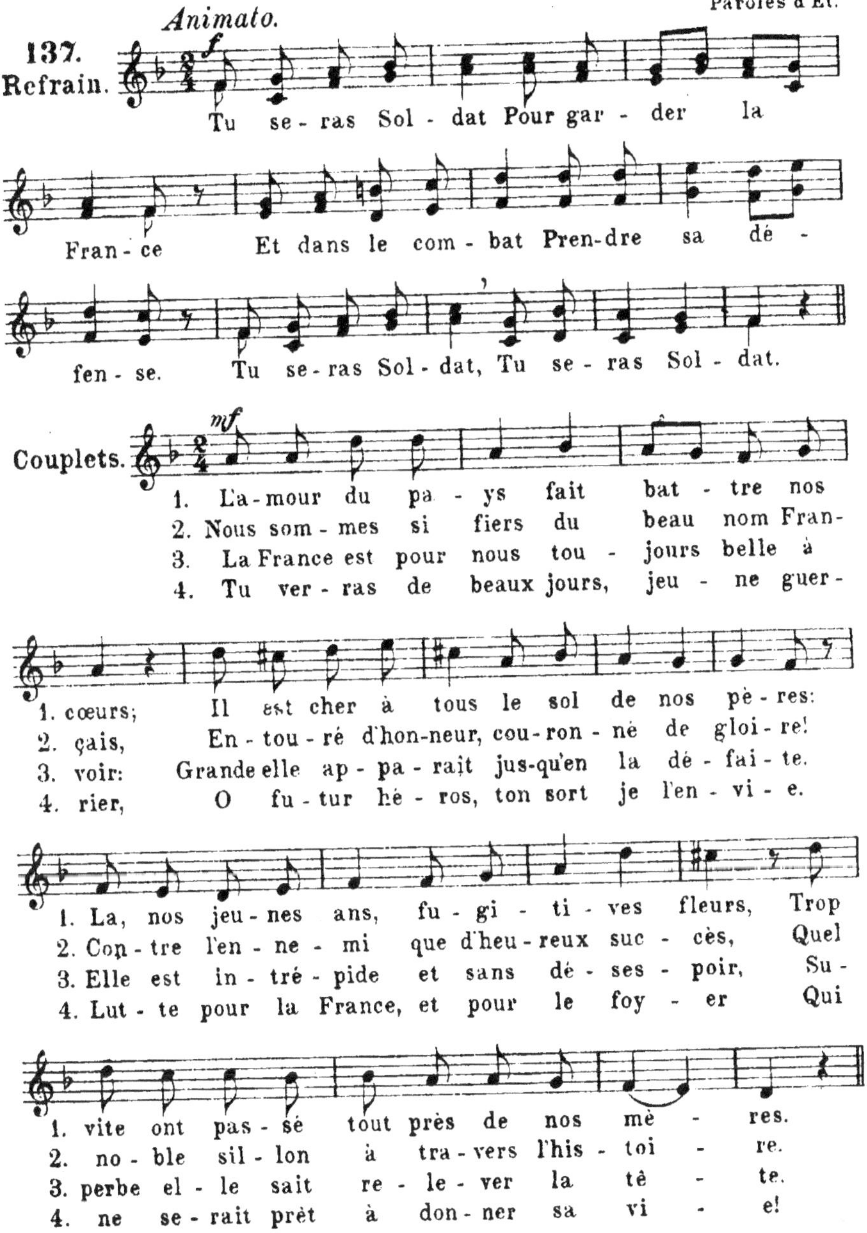

Le petit Tambour. – (Fa Majeur.)

Paroles d'Et.

138.

Mesure à 2 temps. (₵ ou 2)

La Composition de la Mesure en ₵, (C barré), est la même que celle de la mesure à 4 temps.
La Ronde vaut 2 temps — la Blanche vaut un temps — la noire vaut la moitié d'un temps.

139. 

140. 

Le Chêne et le Roseau.

Andantino. Arrangé par Et.

141. 

Thème et Variations.

142.

143. Duo.

Les Champignons.– (Sol Majeur)

Paroles d'Et.

Lento. *mf*

144.

Allegro.

Hérold.

145.

Mesure en ₵.

L'Angelus de Midi.

Paroles d'Et.

Table des matières.

Table des chants.

TOURS IMP. MAME.

EXTRAIT DU CATALOGUE

CANTIQUES

PREMIÈRE SÉRIE

Chants pieux, ou Choix de Cantiques en rapport avec l'esprit de l'Église, dans la célébration des Dimanches et des Fêtes, et le mois de Marie. In-18 (texte) . . » 80

Le même livre, paroles et chants. In-18. . . 1 70

DEUXIÈME SÉRIE

Recueil de Cantiques anciens et nouveaux, suivi d'un **choix de motets.** Ouvrage dans lequel tous les couplets sont rythmés d'après la mélodie, avec double accompagnement pour chaque cantique. Un volume in-4°, demi-reliure, plats en toile . . . . 24 »

Le même, accompagnement simplifié. Un volume in-4°. 7 20

Le même, paroles et chants. In-18 . . . . . 1 80

Le même, paroles seules. In-18 . . . . . . » 90

Le même, abrégé, paroles seules. In-18 . . . » 35

SOLFÈGES

Solfège de la Jeunesse, cours élémentaire.

Première partie, broché . . . . » 55

Deuxième partie, broché. . . . . » 55

Les deux parties réunies, cartonnées. 1 25

Solfège de la Jeunesse, cours moyen.

Première partie, broché . . . . 1 »

— — cartonné 1 25

Deuxième partie, broché. . . . . 1 »

— — cartonné 1 25

Les deux parties réunies, cartonnées. 2 30

32 468. — Tours, impr. Mame.

www.ingramcontent.com/pod-product-compliance
Lightning Source LLC
LaVergne TN
LVHW021523140926
848035LV00047B/1177
9782329569550